너에게
쓴다

너에게
쓴다

천양희 시선집

창비

차례

제1부

010　들
011　뒤편
012　벌새가 사는 법
013　머금다
014　맴돌다
015　무소유
016　저 모습
017　짧은 심사평
018　매미 노래와 시
019　저항
020　실패의 힘
021　눈
022　아우성
023　비 오는 날
024　다음

제 2부

026　너에게 쓴다
027　그믐달
028　마들에서 광화문까지
029　일년
030　외가리
031　구멍
032　교감
033　완창
034　악수
035　자화상
036　운명
037　좋은 날
038　그림자
039　천사의 시
040　마음아

제3부

042 밥
043 오래된 미래
044 나는 누구인가
045 얼굴
046 중년
047 벽
048 나의 기원
049 단 한번
050 바위
051 지독한 사랑
052 결론
053 반딧불
054 차이
055 자연
056 동행

제4부

058 하루
059 꽃점
060 손
061 침묵
062 우두커니
063 허기
064 축복
065 어둠
066 부재(不在)
067 아비
068 여행
069 기차
070 나의 숟가락
071 하루살이
072 붉은머리오목눈이
073 후기(後記)

074 **발문 | 김기택**
092 **시인의 말**
094 **작품 출전**

제 1 부

들

올라갈 길이 없고
내려갈 길도 없는 들

그래서
넓이를 가지는 들

가진 것이 그것밖에 없어
더 넓은 들

뒤편

성당의 종소리 끝없이 울려 퍼진다
저 소리 뒤편에는
무수한 기도문이 박혀 있을 것이다

백화점 마네킹 앞모습이 화려하다
저 모습 뒤편에는
무수한 시침이 꽂혀 있을 것이다

뒤편이 없다면 생의 곡선도 없을 것이다

벌새가 사는 법

벌새는 일초에 아흔번이나
제 몸을 쳐서
공중에 부동자세로 서고
파도는 하루에 칠십만번이나
제 몸을 쳐서 소리를 낸다

나는 하루에 몇번이나
내 몸을 쳐서 시를 쓰나

머금다

거위눈별 물기 머금으니 비 오겠다
충동벌새 꿀 머금으니 꽃가루 옮기겠다
그늘나비 그늘 머금으니 어두워지겠다
구름비나무 비구름 머금으니 장마 지겠다
청미래덩굴 서리 머금으니 붉은 열매 열겠다

사랑을 머금은 자
이 봄, 몸이 마르겠다

맴돌다

피그미 카멜레온은 죽을 때까지
평생 색깔을 바꾸려고
일 제곱미터 안을 맴돌고
사하라 사막개미는 죽을 때까지
평생 먹이를 찾으려고
집에서 이백 미터 안을 맴돈다

나는 죽을 때까지
평생 시를 찾으려고
몇 세제곱미터 안을 맴돌아야 하나

무소유

무소유로 살다 간 법정(法頂) 스님의
『무소유』란 책이
아무리 무소유를 말해도
이 책만큼은 소유하고 싶다던
김수환 추기경도 무소유로 살다 갔다

거미한테 가장 어려운 것은
거미줄을 뽑지 않는 것처럼
우리에게 가장 어려운 것은
무소유로 살다 가는 것이다

저 모습

암수한몸인 민달팽이를 보니
일심동체를 보니
아하! 그동안의 행적이 무색하구나
암수 다른 몸이
그 행세를 했으니 반인반수로다
제 몸 허물기라도 하면
저 모습 될까

달팽이집 한채 짓고 싶다
그 집에서 살고 싶다

짧은 심사평

나무들이 바람을 남기듯이
시간이 메아리를 남기듯이
달이 바닷물을 끌어당기듯이

불 켠 듯 불을 켠 듯

해를 향해 가라
그림자는 늘 자신 뒤에 있을 것이니
그대는 행성이 아닌 항성

장래가 천천히
눈부셔지길 바란다

매미 노래와 시

큰 나무에 붙은 매미는
작은 점에 지나지 않는다
그래도 매미의 노래는
멀리 퍼지고 깊이 파고든다 시집처럼

그렇게 읊으며 홀로
울음과 웃음을 멈추지 않는다 시처럼

저항

독수리는
바람의 저항이 없으면
날 수가 없고

고래는
물결의 저항이 없으면
뜰 수가 없다

사람은
어떻게 저항해야
살 수가 있나

실패의 힘

내가 살아질 때까지
아니다 내가 사라질 때까지
나는 애매하게 살았으면 좋겠다

비가 그칠 때까지
철저히 혼자였으므로
나는 홀로 우월했으면 좋겠다

지상에는 나라는 아픈 신발이
아직도 걸어가고 있으면 좋겠다
오래된 실패의 힘으로
그 힘으로

눈

바람 소리 더 잘 들으려고 눈을 감는다
어둠 속을 더 잘 보려고 눈을 감는다

눈은 얼마나 많이 보아버렸는가

사는 것에 대해 말하려다 눈을 감는다
사람인 것에 대해 말하려다 눈을 감는다

눈은 얼마나 많이 잘못 보아버렸는가

아우성

바람 불면 분다고 아우성
그늘 지면 진다고 아우성
꽃 피면 핀다고 아우성
새 울면 운다고 아우성
산다는 게 무슨 아우성이냐
어디서 구급차 소리 들린다
구아구아(救我救我) 사람 살려!

비 오는 날

플라타너스 잎새 끝의 빗방울

나는 조바심을 한다

내 후회는 두텁고 무겁다

플라타너스 잎새 끝의 물방울, 조바심을 한다

내 눈썹 끝의 물방울
벌써 수위를 넘었군

다음

어떤 계절을 좋아하나요? 다음 계절
당신의 대표작은요? 다음 작품
누가 누구에게 던진 질문인지 생각나지 않지만
봉인된 책처럼 입이 다물어졌다
나는 왜
다음 생각을 못했을까
이다음에 누가 나에게 똑같은 질문을 한다면
나도 똑같은 대답을 할 수 있을까

나는 시인인 것이 무거워서
종종 다음 역을 지나친다

제 2 부

너에게 쓴다

꽃이 피었다고 너에게 쓰고
꽃이 졌다고 너에게 쓴다
너에게 쓴 마음이
벌써 길이 되었다
길 위에서 신발 하나 먼저 다 닳았다

꽃 진 자리에 잎 피었다 너에게 쓰고
잎 진 자리에 새 앉았다 너에게 쓴다
너에게 쓴 마음이
벌써 내 일생이 되었다
마침내는 내 생(生) 풍화되었다

그믐달

달이 팽나무에 걸렸다

어머니 가슴에
내가 걸렸다

내 그리운 산번지
따오기 날아가고

세상의 모든 딸들 못 본 척
어머니 검게 탄 속으로 흘러갔다

달아 달아
가슴 닳아
만월의 채 반도 못 산
달무리 진 어머니

마들에서 광화문까지

광화문에 가려면 마들에서
노원을 지나 중계 지나 하계 지나
공릉 지나 태릉 지나 먹골 지나 중화 지나
상봉 지나 면목 지나 사가정 지나
용마산 지나 중곡 지나
군자에서 5호선 갈아타야 한다
왕십리 지나 행당 지나 청구 지나
동대문 지나 을지로 지나 종로를 지나가야 한다

입문(시門)하는 길이 이렇게 멀다

일년

작년의 낙엽들 벌써 거름 되었다
내가 나무를 바라보고 있었을 뿐인데
작년의 씨앗들 벌써 꽃 되었다
내가 꽃밭을 바라보고 있었을 뿐인데
후딱 일년이 지나갔다
돌아서서 나는
고개를 팍, 꺾었다

왜가리

왜?
왜?
왜?
  악다구니 쓰며
왜 가리? 왜 가리?
  악다구니 써도
너의 날개를 누가 기억하리
왜가리!

구멍

많은 것을 잃고도 몸무게는 늘었다
언제부터 비명이 몸속으로 드셨나
근심을 밥처럼 먹고 병을 벗 삼아
자란 비명들
많은 것을 잊고도 몸무게는 늘었다
언제부터 비명이 맘속으로 드셨나
우울을 우물처럼 마시고 불안을 벗 삼아
자란 비명들

잃었거나 잊은 것보다
더 큰 생의 구멍이 있을까 탓하지 말자

교감

한 마음의 움직임과
한 마음을 움직이게 한
한 마음의 움직임이
겹쳐 떨린다
물결 위에 햇살이 겹쳐 떨리듯

완창

절망만 한 절정이 어디 있으랴
절망도 절창하면 희망이 된다
희망이 완창이다

악수

내가 시를 받아주는 줄 알았는데
요즈음은 시가 날 받아주고 있다는 생각이 든다
시가 날 받아줄 때 시인인 게 행복하고
시가 시답지 않을 때 시인인 게 부끄럽다
그러니 시여, 날마다 내 손을 잡아다오

자화상

조롱 속에 거울 하나 넣어놓았더니
거울에 비친 제 모양을 제 짝인 양
생이 다하도록 잘 살았다는 문조(文鳥)

사막 속에 오아시스 놓여 있었더니
물에 비친 모랫길을 제 길인 양
생이 다하도록 잘 걸었다는 낙타

그게 혹
내가 아니었을까

운명

눈물로 된 몸을 가진 새가 있다
주둥이가 없어 먹이를 물 수 없는 새가 있다
발이 없어 지상에 내려오면 죽는 새가 있다

온몸이 가시로 된 나무가 있다
그늘에서만 사는 나무가 있다
햇빛을 받으면 죽는 나무가 있다

운명이란 누가 쓴
잔인한 자서전일까

좋은 날

작은 꽃이 언제 다른 꽃이 크다고 다투어 피겠습니까
새들이 언제 허공에 길 있다고 발자국 남기겠습니까
바람이 언제 정처 없다고 머물겠습니까
강물이 언제 바쁘다고 거슬러 오르겠습니까
벼들이 언제 익었다고 고개 숙이지 않겠습니까

아이들이 해 지는 줄 모르고 팽이를 돌리고 있습니다
햇살이 아이들 어깨에 머물러 있습니다
무진장 좋은 날입니다

그림자

내가 나의 실상 때문에
상실에 빠졌을 때
그는 무심지경에 들어 있다

천사의 시

꽃봉오리 아이 눈망울 같고
여린 잎들 아이 손가락 같아
사람들은 꽃을
천사의 시라 불렀을 것이다
신이 쓴 스테디셀러라 말했을 것이다
누구도 대신 쓸 수 없는
절창의 무궁(無窮) 시집

꽃장을 넘기며 바람이 운다
꽃장을 덮으며 새들이 운다

마음아

마음아
아무 곳에나 널 내려놓지 마
어디나 다 사막이야

마음아
아무 곳에나 들어가지 마
어디나 다 늪이야

제 3 부

밥

외로워서 밥을 많이 먹는다던 너에게
권태로워 잠을 많이 잔다던 너에게
슬퍼서 많이 운다던 너에게
나는 쓴다
궁지에 몰린 마음을 밥처럼 씹어라
어차피 삶은 네가 소화해야 할 것이니까

오래된 미래

저 오래된 하늘은
저 오래된 산은
저 오래된 바위는
저 오래된 바다는
오래되어도 자연이구나
오래된 자연이 오래된 미래로구나
오래된 것이 미래를 만드는구나

나는 누구인가

 주목나무는 고목이 되어서도 썩지 않고 도(道) 나무로 지정된 불꽃나무도 있다고 합니다 고등동물은 동면기가 없고 한평생 물을 안 마시는 짐승이 있다고 합니다 꾀꼬리는 하루에 삼천번쯤 우짖고 그 소리로 자신을 지킨다고 합니다 죽을 때 단 한번 눈을 뜨고 죽는 눈먼 새도 있고 지상에 내려오면 죽는 발 없는 새도 있다고 합니다

 나는 읽고 있던 『나는 누구인가』를 갑자기 덮습니다 누가 고통을 경멸할 수 있을까요? 가을나무 껍질이 두꺼운 걸 보니 올겨울이 또 춥겠습니다

얼굴

너를 바라보는 나는 같은데
너는 어찌 볼 때마다 다르단 말이냐
어떤 너는 낯설고
어떤 너는 낯설지 않으니

중년

울어도 청춘은 오지 않고
오지 않아도 될 비가 와
비비비 빗속에서 비틀거리네

웃어도 외로움은 가지 않고
오지 않아도 될 우울이 와
무우무우(無憂無憂)하다 무심해지네

벽

결벽도 벽이고 장벽도 벽이라면
면벽도 벽이고 절벽도 벽이라면
다 헐어버리련만
네 마음의 철벽 헐지 못하네
새벽이 되어도 헐리지 않네
나에겐 이게 새 벽이네

나의 기원

복권보다는 복원이
패권보다는 주권이
관권보다는 인권이
이권보다는 책 한권이
무엇보다 존중되는 세상이 되었으면 좋겠다

단 한번

눈먼 새는
일생에 단 한번 눈을 뜨고 죽는다는데
백조는
일생에 단 한번 아름다운 소리로 울다 죽는다는데
가시나무새는
가시에 가슴을 찔리면서
일생에 단 한번 울다 죽는다는데
일생에 단 한번 번식하는 게도 있다는데
일생에 단 한번도 날지 않는 새가 있다는데

오직 사람만이 변신의 명수라네

바위

언제부터 나는 너를 언덕 위로 밀었다
언제부터 나는 너를 산 위로 밀었다
언제부터 나는 너를 정상으로 밀었다
밀어도 밀어도 아래로 굴렀다
처음에 나는 너를 바위인 줄 알았다
마지막에도 나는 너를 바위인 줄 알았다
네가 정말 바위인 줄만 알았다

지독한 사랑

동백처럼 붉게 붉게 피어나지만
떨어질 땐 처연하게
모가지째 뚝, 뚝 떨어진다

결론

성냥 한개비로
세상을 확! 불태우고 싶다
무진등 하나로
세상을 확! 불 밝히고 싶다
촛불 하나로
세상을 확! 불 켜고 싶다

속 태우다 내린 결론입니다
속 터지다 내린 결론입니다
속상하다 내린 결론입니다

반딧불

꽁무니의 불이
제 등불이다
깜빡거려도 꺼지지 않는다

내게도 꺼지지 않는
등불이 있다
아미타불

차이

너와 다르다고 말하지 마라
세상에 너와 같은 것은 없다
너 같은 것은 없다 다른 것이 있을 뿐

나와 다르다고 말하지 마라
세상에 나와 같은 것은 없다
나 같은 것은 없다 다른 것이 있을 뿐

자연

구름을 많이 안고 있는 하늘은 조용하다
나무를 많이 품고 있는 산은 조용하다
물을 많이 담고 있는 강은 조용하다
많은 것을 품고 있는 것은 모두 다 조용하다
자연은 조용하다
조용한 것이 어머니의 품속 같다
그곳으로 가고 싶다

동행

나란히 뻗은 기찻길
두 바퀴가 함께 굴러간다
기적 소리도 함께 따라간다

제 4 부

하루

오늘 하루가 너무 길어서
나는 잠시 나를 내려놓았다
어디서 너마저도
너를 내려놓았느냐
그렇게 했느냐
귀뚜라미처럼 찌르륵대는 밤
아무도 그립지 않다고 거짓말하면서
그 거짓말로 나는 나를 지킨다

꽃점

 어린 시절, 머슴애들과 나는 꽃점을 잘 쳤다 꽃잎을 하나씩 하나씩 딸 때면 마음먹고 있는 여자애(남자애)가 자기를 좋아하나 안 하나 꽃잎 한잎 따면서 그렇다, 아니다, 아니다, 그렇다로 맞춰보았다

 어린 시절, 머슴애들과 나는 꽃점놀이를 잘했다 꽃잎을 하나씩 하나씩 딸 때면 마음먹고 있는 남자애(여자애)가 아빠가 되나 엄마가 되나 꽃잎 한잎 따면서 그렇다, 아니다, 아니다, 그렇다로 맞춰보았다

손

세상에는 베이는 일이 너무 많다
풀도 잘못 잡으면 손을 벤다
사람도 잘못 잡으면 마음을 벤다
세상에 참 많이 베어본
사람은 안다
손을 베이면
손이 아니다
베인 건 마음이다
마음이 손을 잡는다

침묵

저 바위가
슬프다고 울기나 합니까
기쁘다고 웃기나 하겠습니까
나는
키 큰 소나무 밑에 엎드려
한참을 일어나지 않았습니다

우두커니

희망이 필요하다고 얻어지는 건 아니었습니다
불행이 외면한다고 오지 않는 건 아니었습니다
사랑이 묶는다고 튼튼한 건 아니었습니다
고통이 깎는다고 깎이는 건 아니었습니다
마음 한줌 쥐었다 놓는 날이면
나는 가끔 우두커니가 되었습니다

허기

너와 둘이 있을 때 외롭지 않으려고
나는 너를 눈으로 보지 않고 마음으로 보았다
갈 데 없는 마음이 오늘은 혼자 있다
그 시간이 길어지면 외로움이 더 덤빈다
그래서 밥을 많이 먹어본다 밥을 먹고 돌아서도
허기가 진다 허기가 지면 나는 우울에 빠진다
어느 땐 우울이 우물처럼 깊다

축복

고통이 바뀌면 축복이 된다기에
그 축복 받으려고
내가 평생이 되었습니다
절망을 씹다 뱉고 희망을 폈다 접는
그것이 고통이었습니다
그 고통 누가 외면할 수 있을까요
외면할 수 없는 삶
그것이 바로 축복이었습니다

어둠

어둠을 빚어 몇해나 익혀야 빛이 되나
빛 보듯 널 보려고
나는 오래 어둠이 된다

부재(不在)

내 주소를 기억하지 마
나를 기억하지도 마
주소 불명
수취인 불명
나는 지금
행방불명 중

아비

바람이 불어, 바람은 몇살이야?
바람은 나이가 없단다, 왜?
바람은 잘 날이 없으니까
바람 잘 날 없는 아비가 아이에게 말한다

꽃잎이 떨어지네, 꽃의 집은 어디야?
꽃은 집이 없단다, 왜?
꽃은 꽃밭이 집이니까
꽃을 꺾는 아비가 아이에게 말한다

여행

아무것도 가진 것이 없었다
그래서 모든 것을 시작할 수 있었다

기차

세상에는 얼마나 많은 정거장이 있는지
나는 얼마나 많은 정거장을 지나왔는지
얼마나 많은 정거장을 지나간 기차인지
얼마나 많은 기차를 지나갔는지
지나가는 나였는지

차단기 앞에 멈춰 서서
지나가는 기차를
멈추지 않는 기차를
지나치고 말았다

나의 숟가락

얼마나 많이 내 삶을 내가 파먹었는가

하루살이

하루살이는 하루를 살다 죽습니다 하루가 하루살이의 일생입니다 하루의 하루살이가 되기 위해 물속에서 천일을 견딥니다 그동안 스무번도 넘게 허물벗기를 합니다 천일 동안 수많은 변신을 거듭하다 하루살이가 되면 하루를 살다 죽어버립니다 하루를 살기 위해 천일을 견디는 하루살이 그것이 하루살이의 운명입니다

붉은머리오목눈이

나뭇가지 하나면 둥지를 짓는다
천하가 무슨 소용 있으리

후기(後記)

시(詩)는 내 자작(自作)나무
네가 내 전 집〔全集〕이다
그러니 시여, 제발 날 좀 덮어다오

| 발문 |

어둠으로 빚은 빛

김기택

 2025년 올해는 천양희 시인이 시를 써온 지 60년이 되는 해이다. 시선집 『너에게 쓴다』에는 60년간 쓴 시 중에서 고른 '짧은 시'들이 실려 있다. 「직소포에 들다」 「마음의 수수밭」 같은 대표시를 포함해 많은 빼어난 시를 마다하고 왜 짧은 시들로 시선집을 묶었을까.

 시를 읽는 즐거움 중의 하나는 말하지 않은 말, 침묵의 말을 듣는 경험을 하는 것이다. 우리에게는 말하지 않은 말을 듣는 능력이 있다. 시의 침묵과 여백과 행간에는 말하지 않은 말, 말이 되기 이전의 원초적인 말, 말의 형태를 갖추지 못한 채 반죽 상태로 있는 말, 자극을 받으면 깨어날 수 있는 말이 풍부하다. 우리의 내면에도 그런 말들이 있다. 시를 읽으면서 깊이 공감할 때 그 시가 나의 이야기가 되는 이유는 시 속의 말과 내 안의 말이 서로 통하기 때문일 것이다. 시가 나의 말을 꺼내준 것 같기도 하고 나의 말이 시가 되어 나오는 것 같기도 하기 때문일 것이다. 60년간 농축된 시인의 삶과 시적 고뇌와 희열이 짧은 시의 침묵과 여백 속에 어떤 모습으로 쟁여져 있을까. 어떻게 그 말들은 우리 안에 잠자고 있는 말들을 흔들어 깨워서 움직이게 할까.

거위눈별 물기 머금으니 비 오겠다
충동벌새 꿀 머금으니 꽃가루 옮기겠다
그늘나비 그늘 머금으니 어두워지겠다
구름비나무 비구름 머금으니 장마 지겠다
청미래덩굴 서리 머금으니 붉은 열매 열겠다

사랑을 머금은 자
이 봄, 몸이 마르겠다

—「머금다」 전문

"거위눈별"은 어떤 별일까. 시적 화자가 자기만의 이름을 붙여주고 종종 바라보던 별, 눈물을 머금은 듯 반짝이는 별, 거위 눈처럼 화자를 바라보던 별일 것 같다. 어쩌면 화자가 우울하거나 슬플 때 젖은 눈으로 바라보던 별일지도 모른다. 밤하늘에 유난히 반짝이는 촉촉한 별을 상상해본다. 거위눈별이 물기를 머금고 있는 동안 물기는 점점 자라서, 밤하늘을 덮을 만큼 커져서 비가 되는 것을 상상해본다. '머금다'는 삼키지 않은 상태로 입속에 넣고 있거나 제 안에 품어 지니는 것을 말한다. 머금음은 정중동(靜中動)이다. 거위눈별은 물기를 머금은 채 밤하늘에 가만히 떠 있는 것 같지만 그 안에는 머지않아 비가 될 기운이 활발하게 움직이는 중이다. '물기'는 '비'의 환유이다. 작은 물기 속에는 거대한 비가 있다. 맑은 하늘에서 먹구름과 비로 가득한 하늘로 변화할 커다란 힘이 물기 안에서 자라고 있다. 화자의 시선은 비를 향해 나아가는 물기의 움직임에 초점이 맞춰져 있다. 그 움직임은 자신을 둘러싼 대기의 움직임과 변화와 연결되어 있다. 그렇게 "충동벌새" "그늘나비" "구름비나무" "청미래덩굴" 등도 곧 일어날 세계의 변화를 감지하면서 그 기운을 제 안에 머금고 있다. 그런데 왜 "사랑을 머금은 자/이 봄, 몸이 마르겠다"고 했을까. 사랑을 머금는 동안에는 간절함, 몸이 달아오름, 더 커지는 욕망을 달래는 기다림, 더 기다리다가 죽을 것만 같은 감정이 있지 않을까. 봄이 왔는데도 사랑을 완성하지 못하고 머금은 채 더 나아가지 못한다면 사랑하는 이들은 피가 마를 것이다. 이 사랑에는 감정의 격렬한 운동만 있고 결실은 없다. 사랑의 희열에는 몸이 마르는 고통이 있다. 비를 몰고 올 듯한 물기를 머금은 거위눈별에도 "사랑을 머금은 자"의 몸이 마르는 슬픔이 있을 것 같다.

'머금다'라는 동사는 시인이 대상을 어떻게 바라보는지 그 방법을 흥미롭게 보여준다. 그는 대상을 눈으로만 보는 게 아니라 온몸으로 품은 채 거기서 더 나아가지 않고 머무른다. 그러면 그 시선은 대상의 겉모습을 넘어 내부의 움직임으로 들어가 대상과 교감하게 된다.

> 바람 소리 더 잘 들으려고 눈을 감는다
> 어둠 속을 더 잘 보려고 눈을 감는다
>
> 눈은 얼마나 많이 보아버렸는가
>
> 사는 것에 대해 말하려다 눈을 감는다
> 사람인 것에 대해 말하려다 눈을 감는다
>
> 눈은 얼마나 많이 잘못 보아버렸는가
> ―「눈」 전문

눈을 '감는다'에도 '머금다'와 같은 품음과 감응이 있다. 눈을 감는 것도 보는 방법의 하나이다. 우리는 깊이 생각하거나 충분히 느낄 필요가 있을 때 눈을 감는다. 시각만으로 대상을 온전히 볼 수 없을 때, 대상을 시각으로 한정할 수 없을 때 더 잘 보기 위해 눈을 감는다. 눈을 감는다는 것은 눈을 닫고 오감과 사고를 여는 것이다. 제3의 시각으로 대상을 머금는 것이다. 눈의 시선은 대상을 향해 앞으로 나아가지만 눈 감음은 대상을 감싸안는다. 그러면 대상은 보는 자의 몸 안으로 들어와 감각적·정신적 반응을 끌어낸다. 그래서 "바람 소리"도 더 잘 들리게 되고 "어둠 속"도 더 잘 보이게 된다.

"사는 것" "사람인 것"을 말하는 일은 어떠한가. 이것을 보는 데에는 더 큰 눈, 시각을 넘어서는 눈, 보이지 않는 것을 직관하는 새로운 눈이 필요하다. 천양희 시인은 자신의 시에서 삶을 떼어낼 수 없다는 것을 여러 글에서 강조했다. 산문 「직소포에 들다」(『직소포에 들다』, 문학동네 2004)에서는 "누가 나더러 왜 시를 쓰냐고, 끝도 없는 그 짓을 왜 하느냐고 물을 때가 있습니다. 그때 나는 주저 없이 잘 살기 위해서라고 대답합니다. 잘 산다는 것은 시로써 내 삶을 살린다는 뜻입니다."라고 말했다. 어떻게 사는 삶이 잘 사는 삶이고, 어떻게 해야 시로 삶을 살릴 수 있는가 하는 질문은 그의 시를 이끌어온 원동력이다. 대상을 머금거나 눈 감고 품으면서 보는 방법에는 삶에 관한 질문과 탐구가 내포되어 있다.

성당의 종소리 끝없이 울려 퍼진다

저 소리 뒤편에는
무수한 기도문이 박혀 있을 것이다

백화점 마네킹 앞모습이 화려하다
저 모습 뒤편에는
무수한 시침이 꽂혀 있을 것이다

뒤편이 없다면 생의 곡선도 없을 것이다
—「뒤편」 전문

 성당의 종소리나 백화점 마네킹도 머금으면 다르게 보인다. 볼 수 없는 것이 보인다. 눈을 감고 느낌으로 품을 때 대상은 앞모습에 가려져 있던 뒤편을 열어 보인다. 성당의 종소리 뒤편에 박혀 있는 수많은 간절한 기도문, 마네킹 뒤편에 박혀 있는 수많은 시침에는 그 사물이 살아온 내력이 있다. 화자가 보는 것은 그 사물의 삶이다. 이리저리 구부러지고 꺾인 "생의 곡선"이다. 그것이 거울처럼 화자의 삶을 비춰줄 때, 그 사물의 삶이 자신의 삶과 다르지 않다는 것을 감지할 때 그 사물을 온전히 볼 수 있게 된다. '머금다' '눈 감다'에는 사물 안으로 들어가 온몸으로 품고 감싸는 시선이 있다. 사물을 머금는 동안 화자는 사물이 되어 그 사물의 삶을 살게 된다. 그 삶의 기록이 시가 되는 것이다.

이 시선집에는 책이나 영상 매체에서 얻은 정보를 소재로 쓴 시들도 가끔 보이는데, 이 경우에도 그 소재를 머금는 동안 간접경험은 직접경험으로 바뀌게 된다.

벌새는 일초에 아흔번이나
제 몸을 쳐서
공중에 부동자세로 서고
파도는 하루에 칠십만번이나
제 몸을 쳐서 소리를 낸다

나는 하루에 몇번이나
내 몸을 쳐서 시를 쓰나

─「벌새가 사는 법」 전문

화자가 벌새나 파도에 관한 정보를 제 안에 머금는 동안 사물의 '뒤편'에 숨겨져 있던 삶이 드러나면서 그것들은 살아 있는 사물이 된다. 그때 사물과 접촉하고 교감하는 직접경험을 하게 된다. 한순간 공중에 서 있기 위한 벌새의 눈물겨운 몸부림 같은 날갯짓, 제 몸을 부수며 아우성치는 것 같은 동작을 가열하게 반복하는 파도의 움직임은 벌새나 파도의 존재와 삶 자체이다. 이 경험은 시인이 살아오면서 내면에서 앓고 자책하고 분노하고 울었던 몸부림의 격동을 마주

하게 된다. "죽을 때까지/평생 색깔을 바꾸려고/일 제곱미터 안을 맴"돈다는 피그미 카멜레온이나 "죽을 때까지/평생 먹이를 찾으려고/집에서 이백 미터 안을 맴"도는 사하라 사막개미(「맴돌다」), "물속에서 천일을 견"디고 "스무번도 넘게 허물벗기"를 하며 "천일 동안 수많은 변신을 거듭하다" 성체가 되면 "하루를 살다 죽어버"린다는 하루살이(「하루살이」)도 그렇게 제 안에 품는다. 그때 동물의 삶과 시인의 삶은 동물/인간의 구분을 넘어서 동병상련의 손길을 마주 잡게 된다. 그 삶의 쉴 수 없는 몸짓은 시인에게 자신이 써온 시가 존재의 뒤편에서 몸부림치는 보이지 않는 삶과 겨룰 만한 가치를 지니고 있는지 묻게 한다. 그러나 시인이 몸과 마음으로 겪은 삶에는 감당할 수 없는 거대한 타자의 시선이 있다.

눈물로 된 몸을 가진 새가 있다
주둥이가 없어 먹이를 물 수 없는 새가 있다
발이 없어 지상에 내려오면 죽는 새가 있다

온몸이 가시로 된 나무가 있다
그늘에서만 사는 나무가 있다
햇빛을 받으면 죽는 나무가 있다

운명이란 누가 쓴
잔인한 자서전일까

———「운명」 전문

　신화적인 공간에나 있을 법한 이 새와 나무는 삶의 비유일까? 이런 새와 나무가 실제로는 없다고 해도, 그것이 단지 지상에서 벌어지는 여러 삶을 신화적으로 변형한 허구라 해도 이러한 삶은 실제로 있을 수 있다. 백석은 남한에서 마지막으로 발표한 시 「남신의주 유동 박시봉방」에서 "나는 내 뜻이며 힘으로, 나를 이끌어가는 것이 힘든 일인 것을 생각하고,/이것들보다 더 크고, 높은 것이 있어서, 나를 마음대로 굴려가는 것"이라고 고백했다. 어느 혹한의 겨울날 만주에서 남신의주로 홀로 떠돌다 "어느 목수네 집"의 "습내 나는 춥고, 누긋한" 누추한 방을 얻어 지내면서 그는 자신의 의지로 어찌할 수 없는 불가사의한 힘이 있어서, 손발이 묶인 듯 그 힘에 끌려가면서 살 수밖에 없음을 느꼈다. 백석이 직감한 이 큰 힘을 우리는 '운명'이라고 부른다. 그 운명은 그를 더는 자신의 시를 쓸 수 없는 처지로 내몰았다. "발이 없어 지상으로 내려오면 죽는 새"와 "햇빛을 받으면 죽는 나무"는 비유가 아니라 실제로 화자가 겪어왔고 지금도 겪고 있는 정신적·심리적 삶이다. 뜬 눈에는 보이지 않지만 눈을 감으면 보이고, 마음으로 품으면 느껴지는 사실이다. '운명'이라는 이 "잔인한 자서전"을 제 삶에다 온몸으로 쓰고 흔적도 없이 사라진 사람은 얼마나 많은가. 오늘날 세계 곳곳에서 이런 자서전은 얼마나 많이 쓰이고 있는가.

플라타너스 잎새 끝의 빗방울

나는 조바심을 한다

내 후회는 두텁고 무겁다

플라타너스 잎새 끝의 물방울, 조바심을 한다
―「비 오는 날」 부분

플라타너스 잎새는 빗방울을 머금고, 빗방울도 잎새에서 떨어지지 않으려 하지만 거기에는 그들의 의지로는 어찌할 수 없는 더 큰 힘, 즉 중력의 법칙이 있다. 곧 떨어질 위기에 처한 물방울은 그 중력에서 벗어날 수 없다. 이 운명이 화자와 물방울의 조바심을 일으킨다. 물방울은 잎새가 머금고 있는 동안만 삶을 유지할 수 있다. 조바심이 일어나는 동안만이 삶이다. 물방울이 떨어지면 조바심도 끝나지만, 그 삶도 함께 끝난다. 물방울은 떨어지기 직전까지만 허락된 삶, 죽음이 유예된 삶, 조바심 없이는 유지할 수 없는 삶을 산다.

조바심은 그 삶의 필수적인 조건이다.

    시인은 잘 살기 위해 시를 쓴다고 했는데, 불가해하고 모순적인 운명에 처한 존재는 어떻게 잘 살 수 있을까. 어떻게 시로 삶을 살려낼 수 있을까. 이런 질문에 대답해줄 것 같은 시, 이 거대한 질문을 침묵 안에 품고 있어서 짧아 보이지만 크낙한 시가 이 시선집 맨 앞에 있다.

    올라갈 길이 없고
    내려갈 길도 없는 들

    그래서
    넓이를 가지는 들

    가진 것이 그것밖에 없어
    더 넓은 들

―「들」 전문

    "그것밖에". 이 말에 자꾸 눈이 간다. 넓이, 그것밖에 가진 것이 없다면 이 들이 가진 넓이를 여유와 해방의 시공간이라고 할 수 있을까. 들은 올라갈 길도 내려갈 길도 없어서 들이다. 위로도 아래로도 길이 없다면 나아갈 길은 앞과 뒤, 그리고 옆밖에 없다. 스스로 자신을 넓혀야 하는 들은 가진 삶이 시밖에 없다는 시인을 연상시킨다. 삶, "그것밖에" 없어서 시인은 뚫고 밀어서라도 제 길을 넓혀가야 하는 운명에 처해 있다. 다음 시를 읽으면 그 운명의 고통과 고독이 느껴진다.

> 언제부터 나는 너를 언덕 위로 밀었다
> 언제부터 나는 너를 산 위로 밀었다
> 언제부터 나는 너를 정상으로 밀었다
> 밀어도 밀어도 아래로 굴렀다
> 처음에 나는 너를 바위인 줄 알았다
> 마지막에도 나는 너를 바위인 줄 알았다
> 네가 정말 바위인 줄만 알았다
>
> ―「바위」 전문

 밀어도 밀어도 다시 굴러오는 삶의 무게에 시달릴 때는 운명이 보이지 않는다. 오로지 바위 같은 무게만 보인다. 그 무게를 밀어야 한다는 생각에서 벗어날 틈이 없다. 그러면 스스로 내면에 갇히게 된다. 헛되이 힘만 쓰고 절망을 낭비하는 일을 반복하다가 그 삶을 무심히 바라보는 어떤 초월적인 눈이 있음을 자각할 때라야 운명이 보인다. 가진 것이 제 삶 하나뿐인 사람이 보인다. 오로지 제 몸 하나로 삶을 굴려가야 하는 나약한 존재가 보인다. 가진 것이 시밖에 없는 시인이 보인다. 시가 없으면 죽을 것 같은 시인이 보인다. "그것밖에"가 지닌 간절함을 생각한다. 막막함과 외로움을 생각한다. 그런데 놀랍게도, 그 바위 같던 "그것밖에"에서 알 수 없는 힘, 예상치 못했던 힘이 나온다. 꽉 막힌 내면 공간을 들처럼 넓혀줄 힘이 나온다. 죽음밖에 기댈 것이 없을 것 같은 절망감을 화두처럼 뚫고 나아가는 집중력이 나온다. 사방이 다 낭떠러지인 곳에 자신을 몰아넣고 외줄 같은 길을 나아가는 고독에서 넓이가 나온다. 그 외줄, 그 순간에서 넓이가 터져 나와서 숨 쉴 공간이 생기고, 살아갈 힘이 생기고, 삶을 살리는 시가 생성된다.

절망의 끝에서 "죽는 것이 사는 것보다 차라리 낫겠다"는 생각으로 직소폭포를 찾아갔다가 쓰게 됐다는 시 「직소포에 들다」(『마음의 수수밭』, 창작과비평사 1994, 개정판 창비 2019)에는 이런 구절이 있다.

> 하늘이 바로 눈앞인데
> 이곳이 무한천공이란 생각이 든다
> 여기 와서 보니
> 피안이 이렇게 좋다

죽음으로 해방시키고 싶은 삶, 이 캄캄한 차안에 느닷없이 생긴 무한한 피안을 보라. 이 "무한천공"을 보라. 어둠을 스스로 밀고 넓혀서 만든 넓이를 보라. 급박한 상황에서 절차를 밟지 않고 임금에게 직접 상소한다는 직소(直訴)처럼 두려움 없이 머리로 바닥을 내리꽂는 폭포의 힘을 보라. 꽉 막힌 것이 터졌을 때 열린 환한 공간, 하늘을 품고 미래를 품고 우주를 품은 넓이를 보라. 이 광활한 넓이는 답답하고 깜깜한 내면 공간에서 나온 것이다. 시는 이렇게 삶을 살려준다.

    어둠을 빚어 몇해나 익혀야 빛이 되나
    빛 보듯 널 보려고
    나는 오래 어둠이 된다
―「어둠」 전문

  지소폭포를 만나기 전까지 시인의 삶은 오래 묵은 어둠 속에 있었다. 삶에도 시에도 빛이 되기 전까지 빛을 가둔 오래 묵은 어둠이 있었다. 들의 넓이는, 시의 희열은 그 어둠이 익어서 변화한 빛이다. 시인은 어둠과 빛을 함께 산다. 시가 되기 전까지는 어둠이었다가 시가 되는 순간에 터지는 빛을 산다. 그리고 다음 시가 나올 때까지는 다시 어둠이 되어 그 어둠을 익혀가야 한다. 시인은 빛이 되려는 어둠과 어둠을 품은 빛이 정반합의 운동을 되풀이하는 변증법적 상황을 산다.

    고통이 바뀌면 축복이 된다기에

그 축복 받으려고
내가 평생이 되었습니다
절망을 씹다 뱉고 희망을 폈다 접는
그것이 고통이었습니다
그 고통 누가 외면할 수 있을까요
외면할 수 없는 삶
그것이 바로 축복이었습니다
―「축복」 전문

  조바심치는 동안만 죽음이 유예되고 사는 게 허락된 삶, 그래서 잔인한 운명의 자서전인 삶은 살 만한 가치가 있는 것일까. 시인은 그렇다고 말한다. 그 조바심, 그 잔인함에는 어둠을 품고 있는 빛, 고통을 품고 있는 축복이 있기 때문이다. 어둠에서 나오지 않은 빛, 고통에서 나오지 않은 축복은 삶을 살려주지 못한다. 시인은 앞에서 언급한 산문집에서 가장 아끼는 작품으로 「마음의 수수밭」과 「직소포에 들다」를 꼽았는데, 두 작품이 다 "시로써 내 삶을 살린" 극적인 경험을 담고 있기 때문이다. 절망의 끝에서 "죽는 것이 사는 것보다 차라리 낫겠다"라고 생각하고 삶을 놓아버리려고 했을 때 그 절망을 빛으로 바꿔준 작품이기 때문이다. 극한의 어둠 속 어딘가에서 들려왔다는, "너는 죽을 만큼 잘 살아보았느냐"라는 말이 어둠을 터뜨려 빛으로 변하게 해주

었기 때문이다. 시에서 어둠이 빛이 되고 고통이 축복이 되는 마법은 마술이 아니라 시적 순간에 일어나는 해방감과 고양감, 그리고 희열이다.

　마지막으로 시인이 우리에게 주는 시 「너에게 쓴다」 일부를 읽어본다.

　　꽃 진 자리에 잎 피었다 너에게 쓰고
　　잎 진 자리에 새 앉았다 너에게 쓴다
　　너에게 쓴 마음이
　　벌써 내 일생이 되었다
　　마침내는 내 생(生) 풍화되었다

　"꽃 진 자리" "잎 진 자리"를 겪고 또 겪는 일. 그 상실의 자리에 다시 잎이 피고 새가 와서 극적으로 삶을 이어주는 일. 늘 겪는 일이라 다 알 것 같은데도 겪을 때마다 새로운 슬픔이 되고 놀라운 환희가 되는 일. 이것을 "너에게 쓴다"고 말할 때 "사랑을 머금은 자/이 봄, 몸이 마르겠다"는 목소리가 겹쳐 들린다. 상실과 상심을 하나하나 곱씹고 그 어둠을 익혀 빛으로 만드는 일, 그때마다 죽어가는 삶을 살리는 일, 화자는 이것을 쓰는 마음이 일생이 되었다고 제 삶에게 그리고 독자에게 고한다. 그리고 마침내 자신의 생이 "풍화되었다"고 말한다. 흥미로운 것은 '풍화'는 아직 오지 않은 죽음 이후에 일어날 일인데, 자신이 "풍화되었다"고 과거형으로 썼다는 점이다. 두가지 의미가 떠오른다. 그 하나는, "너에게 쓴다"고 말하는 시점이 죽음 이후이며, 화자는 이제 육신을 떠난 혼이 되어 운명에 조바심치지 않는 존재가 되어 말하고 있다는 암시이다. 다른 하나는, 후회 없이 시를 살았으므로 이미 몸 가진 삶과 시 쓰는 삶이 다 풍화된 것 같은 느낌이고, 또 풍화되었다고 해도 더는 그것에 미련이 없다는 것이다. 그렇게 되면 우리는 인간의 입이 아니라 바람이 하는 말을 듣게 된다. 이 시는 꽃 지고 잎 지는 풍경 '뒤편'에 많은 몸부림과 아우성이 있었다고 말하지 않는다. 이 무심한 평화에 이르기까지 생의 고단함과 고통을 밀어내며 넓혀온 넓이가 얼마나 광활한지, 어둠으로 빚어낸 빛은 얼마나 환한지, 고통에서 변화된 축복은 얼마나 가슴 뛰는 일인지도 말하지 않는다. 그 세세한 사연은 생략된 채 말하지 않은 말, 풍화된 말의 깊은 침묵에 들어가 있다. 누가 와서 읽어줄 때까지 시는 그 사연을 오랫동안 제 안에 머금고 있을 것이다. 그 침묵 안에 들어가 말하지 않은 말을 다 듣고 싶다.

짧은 시 안으로 들어가 말하지 않은 말을 엿들어보니 왜 이 시선집이 짧은 시들로 묶였는지 조금은 알 것 같다. 문장으로 드러나지 않은 이야기가 얼마나 풍부한지, 읽으면 읽을수록 짧은 시가 어떻게 큰 시가 되는지 체험하는 즐거움

이 각별하다. 천양희의 시를 사랑하는 이들에게 이 시선집은 읽을 때마다 처음 읽는 것 같은 경험을 주는 귀한 선물이 될 것이다.

金基澤 | 시인

| 시인의 말 |

일상에서 일생까지
울음에서 웃음까지
슬픔에서 기쁨까지
머리에서 가슴까지
먼 길 돌아와

자연이
새봄을 펼쳐 보이듯 참으로
한 순간을 눈부시게 하는 것이
짧은 시였으면 했다

작은 것이 아름답다는 말이
짧은 시에 겹친다

나는 잘 살기 위해서 시를 쓰지만
세상이 조금이라도 나아지기 위해
눈물을 보탠다는 것은 더 어려운 것 같다

나에게 남은 유일한 위안은
오늘을 살아가는 너에게
짧지만 긴 여운을 보내는 것이다

2025년 여름

천양희

| 작품 출전 |

『하루치의 희망』(청하 1992)

외가리

『마음의 수수밭』(창작과비평사 1994, 개정판 창비 2019)

저 모습 / 비 오는 날 / 그믐달

『그리움은 돌아갈 자리가 없다』(작가정신 1998)

너에게 쓴다 / 악수 / 마음아 / 밥 / 오래된 미래 / 나는 누구인가 / 얼굴 / 중년 / 벽 / 나의 기원 / 단 한번 / 바위 / 지독한 사랑 / 결론 / 반딧불 / 차이 / 자연 / 동행 / 하루 / 꽃점 / 손 / 침묵 / 우두커니 / 허기 / 축복 / 어둠 / 부재(不在) / 아비 / 여행 / 기차 / 나의 손가락 / 하루살이 / 붉은머리오목눈이

『오래된 골목』(창작과비평사 1998)

눈 / 아우성 / 후기(後記)

『너무 많은 입』(창비 2005)

뒤편 / 벌새가 사는 법 / 머금다 / 마들에서 광화문까지 / 일년 / 구멍 / 교감 / 완창 / 자화상 / 운명 / 좋은 날 / 그림자 / 천사의 시

『나는 가끔 우두커니가 된다』(창비 2011)

들 / 저항

『새벽에 생각하다』(문학과지성사 2017)

맴돌다 / 무소유 / 매미 노래와 시 / 실패의 힘 / 다음

『지독히 다행한』(창비 2021)

짧은 심사평

천양희 시선집

너에게 쓴다

초판 1쇄 발행 / 2025년 8월 11일

지은이 / 천양희
펴낸이 / 염종선
책임편집 / 김가희 박문수
조판 / 황숙화
펴낸곳 / (주)창비
등록 / 1986년 8월 5일 제85호
주소 / 10881 경기도 파주시 회동길 184
전화 / 031-955-3333
팩시밀리 / 영업 031-955-3399 편집 031-955-3400
홈페이지 / www.changbi.com
전자우편 / lit@changbi.com

ⓒ 천양희 2025
ISBN 978-89-364-8090-5 03810

* 이 책 내용의 전부 또는 일부를 재사용하려면
  반드시 저작권자와 창비 양측의 동의를 받아야 합니다.
* 책값은 뒤표지에 표시되어 있습니다.